EL INCREÍBLE MUNDO DE LAS PLANTAS

PLANTAS
DEL
BOSQUE

"PLANTAS DEL BOSQUE"

© Ediciones Este, S.A. - 1995
Dirección de edición: Josep M. Parramón Homs
Editor: Isidro Sánchez
Dirección científica y redacción:
Andreu Llamas Ruiz, biólogo
Ilustraciones: Miriam y Miquel Ferrón
Diseño de portada: Rosa M. Moreno

Editado por Ediciones Este, S.A.
Tuset, 10 8º 2ª
08006 Barcelona
I.S.B.N.: 84-89515-15-8
Depósito legal: B-35658-1995

Edición especial para Chelsea House Publishers
I.S.B.N. colección: 0-7910-4012-7
I.S.B.N. Plantas del bosque: 0-7910-4020-8
0-7910-4021-6 (rústica)

Impreso en España

Fotocomposición y fotomecánica: Fimar, S.A., Barcelona (España)
Impresión: Carvigraf, Barcelona (España)

EL INCREÍBLE MUNDO DE LAS PLANTAS

PLANTAS
DEL
BOSQUE

CHELSEA HOUSE PUBLISHERS
New York • Philadelphia

LOS ÁRBOLES DEL BOSQUE

Los bosques son muy importantes en nuestro planeta, ya que ocupan el 40 % de la superficie de las tierras emergidas, si descontamos los desiertos y los polos.

Los bosques son *ecosistemas* terrestres dominados por los árboles.

Cada árbol del bosque produce miles de semillas, pero es necesario mucho tiempo para que la semilla crezca hasta formar un árbol y, entre todos los árboles, un bosque. Además, los árboles para crecer tienen que luchar entre ellos por el espacio, el agua y la luz; por eso los más débiles mueren.

El bosque está formado por "pisos" o estratos. La luz que llega a las copas de los árboles consigue filtrarse entre las hojas y llega a los vegetales que hay debajo: así se van formando diferentes niveles de vegetales, que reciben el nombre de estratos.

Pero no todos los árboles tienen los mismos estratos debajo. Las hayas, por ejemplo, tienen una cubierta de hojas espesa y dejan pasar muy poca luz, así que debajo crecen pocas plantas. En cambio, las delgadas agujas de los pinos dejan pasar mucha más luz, y debajo se desarrollan muchos arbustos.

Cada planta intenta atrapar tanta luz como le es posible, pero en el bosque la luz es escasa y todos la desean, así que hay una lucha constante para conseguir el lugar mejor iluminado.

En un árbol puede encontrarse un enorme número de especies animales y vegetales diferentes. Por ejemplo, sobre la corteza de un solo roble puede haber más de 30 especies diferentes de líquenes.

También existe un gran número de hongos y de invertebrados que viven en la madera muerta y en descomposición; otros prefieren vivir en el manto de hojas que se desprende cada otoño.

El pequeño mundo del árbol (1)
Un bosque es como un universo en miniatura. Pero cada árbol es, a su vez, un pequeño mundo, en el que encuentran cobijo muchos animales y otras plantas.

Chinches con escudo (2)
Las chinches se alimentan chupando la savia o los fluidos de las plantas o los animales, gracias a sus poderosas mandíbulas. Aquí puedes ver una chinche "de escudo", que es una de las más grandes.

Pájaros carpinteros (3)
En el bosque con frecuencia se escuchan los poderosos golpes de los pájaros carpinteros sobre algún árbol cuando están fabricándose el nido o buscando larvas escondidas. ¿Sabías que este ruido puede escucharse incluso a más de un kilómetro de distancia?

Una taladradora animal (4)
El icneumónido Rhyssa persuasoria *puede poner su huevo sobre una larva de insecto, ¡aunque esté escondida a varios centímetros de profundidad dentro de un tronco! Primero detecta con sus antenas a las larvas a través de la madera, y luego utiliza la parte posterior de su cuerpo como si fuera una taladradora para hacer un agujero hasta que consigue llegar a la larva.*

Los barrenillos (5)
La hembra de barrenillo traza largas galerías en las cortezas de los árboles enfermos. Construye pequeños "nichos" y, en cada uno, va dejando un huevo. Después las larvas que salen del huevo roen la madera para alimentarse, y cuando son adultas hacen un agujero para salir.

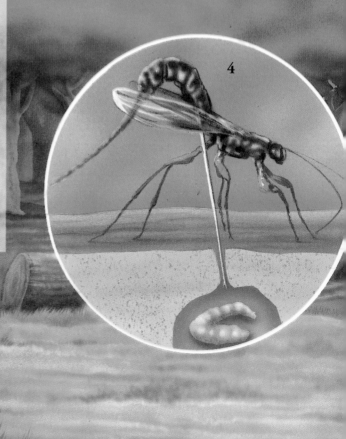

4

EL BOSQUE CADUCIFOLIO EN PRIMAVERA Y VERANO

Cuando llega la primavera, los días se hacen cada vez más largos y el sol empieza a calentar el suelo durante más horas...

Los bosques *caducifolios* están formados por árboles que cada otoño pierden todas las hojas, para volver a renacer al llegar la primavera. Este tipo de bosque es muy abundante en las regiones de climas templados, y las especies más típicas que podemos encontrar son las hayas, los robles, los castaños, los abedules, etc.
Cuando empieza a brillar el sol de primavera, mientras los árboles caducifolios están todavía sin hojas, en el bosque reina la luz. Entonces es el momento para que algunas plantas del suelo consigan la luz necesaria antes de que las hojas de los árboles las vuelvan a sumir en la penumbra.
Después, poco a poco van reviviendo las demás plantas y los árboles se cubren de hojas muy deprisa.
Al llegar la primavera también empiezan a despertarse muchos animales, y el bosque está lleno de actividad.
Aparecen las hojas en las ramas y también un ejército incontable de orugas dispuestas a devorar esas hojas.
Ante este peligro, algunos árboles intentan defenderse del ataque de las orugas acumulando sustancias químicas repelentes en sus hojas, pero no siempre es suficiente.

Despierta la vida en el bosque (1)
Con la llegada de la primavera, la vida llena todos los rincones del bosque. Animales y plantas aprovechan el buen tiempo para alimentarse y reproducirse.

Los gorgojos (2)
Fíjate bien en este gorgojo: tiene un pico largo y delgado que utiliza para hacer un pequeño agujero en la bellota cuando empieza el verano. Así puede poner dentro sus huevos.

El herrerillo (3)
El herrerillo debe capturar todas las orugas que pueda para alimentar a sus numerosas crías (¡hasta doce polluelos!).

Camuflaje perfecto (4)
La oruga bucéfalo se alimenta en colonias a finales del verano, y puede llegar a dejar una rama entera totalmente sin hojas. Cuando es adulta, es una mariposa que tiene el aspecto de madera rota y podrida, con lo que consigue despistar totalmente a sus depredadores.

Mariposas (5)
En verano las mariposas vuelan por todas partes. Aquí puedes ver una ninfa del bosque y una mariposa tornasolada.

Polillas (6)
La mayoría de las polillas prefieren la noche, así que durante el día se mantienen camufladas.

6

5

EL BOSQUE CADUCIFOLIO EN OTOÑO

Al llegar el otoño, a medida que los días se acortan y disminuyen las horas de luz, el bosque se va transformando y todos los árboles empiezan a desprenderse de sus hojas.

En ningún otro lugar se observa tan bien el paso de las estaciones como en los bosques caducifolios, ya que a lo largo del año cambian incluso de color: verde suave en primavera, frondoso en verano, dorado y llameante en otoño y, finalmente, desnudo en invierno. Cuando llega el otoño, las frutas y las semillas del bosque maduran. Debes tener en cuenta que al árbol le interesa que sus semillas se propaguen cuanto más lejos mejor, así que éstas han inventado muchos sistemas diferentes para viajar: por ejemplo, algunas semillas tienen unas expansiones que, como si fueran alas, les ayudan a ser arrastradas por el viento; otras, en cambio, tienen unos diminutos garfios que se agarran al pelo de los mamíferos, y ¡viajan como polizones!

Por otra parte, los frutos atraen a los animales con sus llamativos colores; cuando el animal se come el fruto, las duras semillas que contiene atraviesan su cuerpo sin ser digeridas y caen lejos del árbol.

Los animales se aprovechan de la enorme abundancia de comida que hay en otoño, acumulando una parte importante de esta comida en sus cuerpos en forma de capas de grasa; esta grasa será una poderosa reserva de energía para soportar el duro invierno.

Las bellotas son uno de los alimentos más importantes para los mamíferos y aves del bosque. Piensa que un solo roble puede producir más de 50.000 bellotas en un año.

A mediados de otoño empieza la caída de las hojas, que se acumulan formando una capa de hojas llamada "mantillo"; el resultado es que se forma una cubierta protectora que da refugio y comida a muchos pequeños animales.

Llega el otoño (1)
El otoño transforma el color del bosque caducifolio: el paisaje que antes era verde se ve invadido, poco a poco, por los colores rojos y amarillos.

Cambiar de color... y morir (2)
Aquí puedes ver los cambios que experimentan las hojas a medida que transcurre el otoño; como ya sabes, al final la hoja muerta se desprende del árbol. Este cambio se debe a que la clorofila verde de la hoja desaparece a medida que disminuyen las horas de luz.

Calentando el cuerpo (3)
El escarabajo procustes se mantiene activo incluso cuando hace frío, pero prefiere la llegada de los rayos del sol para salir de caza. Fíjate en la placa que tiene en la espalda: le sirve para "captar" y acumular los rayos solares; además todo su cuerpo es de color negro para retener mejor el calor de los rayos del sol.

Frutos sabrosos (4)
Al llegar el otoño los arbustos y las plantas trepadoras también muestran sus frutos, como las sabrosas moras de la zarzamora.

Igual que una hoja muerta (5)
La Preussia, también llamada "saltamontes hoja", ha sabido camuflarse perfectamente: como puedes ver, todo su cuerpo se asemeja exactamente a una hoja muerta.

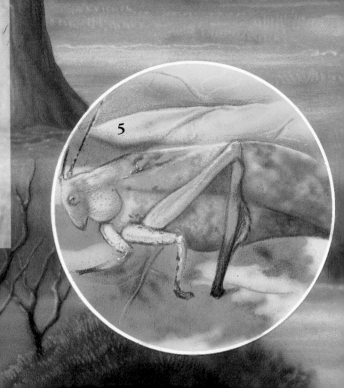

5

EL BOSQUE CADUCIFOLIO EN INVIERNO

El invierno es la estación del año en la que el bosque sobre todo reposa y descansa.

El bosque parece inmóvil y sin vida, y las plantas dejan de crecer, florecer y dar frutos; ya has visto que los árboles del bosque templado son de hoja caduca, y durante el invierno pierden sus hojas para "descansar". Pero no son los únicos, ya que muchos animales del bosque *hibernan* en lugares escondidos para escapar del frío, y pasar el invierno durmiendo. Durante el invierno el crecimiento del árbol, que tiene las ramas desnudas, se para totalmente; esto es debido a que ya no tiene hojas para hacer la *fotosíntesis*. Por ese motivo, podemos ver el crecimiento anual del árbol reflejado en sus anillos: el número de anillos anuales en un *tocón* equivalen a la edad del árbol.

Las nevadas pueden llegar a ser muy intensas, pero, aunque parezca extraño, para el bosque es beneficioso que en invierno caiga nieve: en realidad, la capa de nieve sobre el suelo actúa como si fuera una manta que lo protege del frío. Sin embargo, a veces el exceso de nieve puede pesar demasiado sobre las ramas de algunos árboles y entonces las rompe. Por eso los árboles que crecen en lugares con grandes nevadas tienen unas ramas con una forma "diseñada" para no acumular nieve.

A pesar de todo, la vida no se detiene para todos los habitantes del bosque y, si te fijas en la nieve caída, podrás ver las huellas de los animales que todavía están activos, como las ardillas; muchos de ellos sobreviven gracias a las reservas de alimentos que escondieron durante el otoño.

El bosque dormido (1)
En invierno, la vida parece que se detenga en el bosque. Los días son cortos y grises, y el frío puede llegar a ser muy intenso.

¡Mariposas en invierno! (2)
Los adultos de las mariposas pueden sorprendernos al pasear por el bosque en invierno, ya que es entonces cuando emergen de sus pupas subterráneas.

Dormir en invierno (3)
Muchos animales, como este pequeño lirón careto, prefieren pasar el invierno hibernando, es decir, durmiendo hasta que mejoren las condiciones ambientales.

Un buen refugio (4)
Muchos huevos, larvas y orugas de insectos pasan el invierno en lugares protegidos, como el interior de los troncos.

Una "habitación" calentita (5)
La lombriz de tierra pasa el invierno enroscada en una galería subterránea. Así está resguardada de las bajas temperaturas.

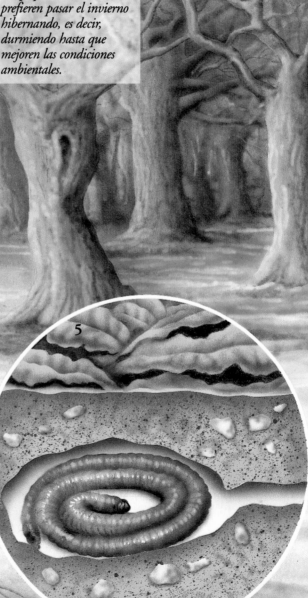

5

BOSQUES DE PINOS

Las coníferas crecen en todo el mundo, pero sobre todo en las regiones más frías, ya que son los árboles mejor adaptados a este tipo de clima.

Las coníferas son árboles muy resistentes, capaces de sobrevivir a las duras condiciones de sequía, a las bajas temperaturas, la nieve y el viento.

Además su forma cónica las ayuda a soportar la fuerza del viento y el peso de la nieve.

Las especies de coníferas más conocidas son los pinos, los abetos, las piceas, los alerces y los abedules.

Existen unas cien especies de pinos diferentes, y se caracterizan porque tienen unas hojas estrechas (aciculares) y duras, que están recubiertas por cera e impregnadas de resina, con lo que impiden el exceso de transpiración y les ayuda a conservar el agua.

Casi todas las especies son de hoja *perenne* y no producen verdaderas flores, sino piñas.

Muchas especies sobrepasan los 20 metros de altura, algunas superan los 50 metros y las especies gigantes (casi exclusivas del oeste americano) llegan a los 100 metros.

Las orugas de la procesionaria del pino no son los únicos insectos que se alimentan con las acículas de los pinos; también un grupo de moscas, las aserradoras, devoran este tipo de hojas.

El suelo del bosque de pinos está cubierto por una capa de hojas, ramitas y piñas que se descompone muy lentamente, ya que a las *bacterias descomponedoras* les cuesta bastante actuar con el frío que hay en estos bosques.

La mariposa más bonita de Europa
Cuando está en su fase de oruga (A), la isabelina come sobre todo hojas de pino silvestre durante seis semanas. Luego puedes observarla dentro del capullo (B), donde tiene lugar la increíble metamorfosis que la transformará en una bellísima mariposa (C).

El sabroso rovellón
El rovellón es uno de los hongos típicos de los bosques de coníferas. Se trata de uno de los más buscados, ya que es comestible y su sabor es muy apreciado.

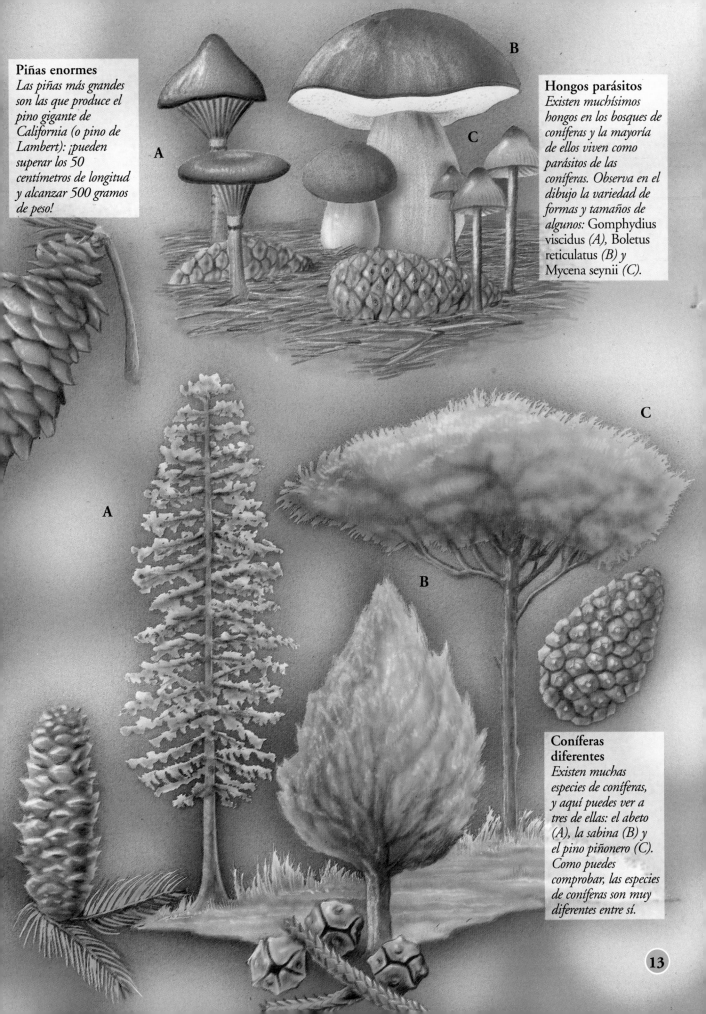

Piñas enormes
Las piñas más grandes son las que produce el pino gigante de California (o pino de Lambert): ¡pueden superar los 50 centímetros de longitud y alcanzar 500 gramos de peso!

Hongos parásitos
Existen muchísimos hongos en los bosques de coníferas y la mayoría de ellos viven como parásitos de las coníferas. Observa en el dibujo la variedad de formas y tamaños de algunos: Gomphydius viscidus *(A),* Boletus reticulatus *(B) y* Mycena seynii *(C).*

Coníferas diferentes
Existen muchas especies de coníferas, y aquí puedes ver a tres de ellas: el abeto (A), la sabina (B) y el pino piñonero (C). Como puedes comprobar, las especies de coníferas son muy diferentes entre sí.

EL SUELO DEL BOSQUE

¿Sabías que sobre el suelo de un bosque caducifolio caen más de 2 toneladas de hojas por *hectárea* cada otoño?

El suelo del bosque es un pequeño universo formado por hojas muertas, ramitas, musgos, setas, bellotas, flores, etc.

En ese complicado manto vegetal viven pequeños vertebrados, como la musaraña, y numerosos invertebrados, como las hormigas rojas, las arañas, los ciempiés, etc.

Toda la materia vegetal que cae al suelo del bosque tiene que ser descompuesta y transformada en una tierra oscura y rica llamada humus.

Para transformar la madera y las hojas en humus existen millones de pequeños habitantes en el suelo. Piensa que en 100 gramos de suelo del bosque puede haber ¡más de 100.000 millones de bacterias! La madera sufre el ataque de los hongos, mientras que las hojas son masticadas por los enormes ejércitos de ácaros y cochinillas de la humedad, entre otros.

Además, en el subsuelo las lombrices de tierra airean el suelo mientras mezclan la tierra de diferentes capas. Finalmente, los microbios y los hongos se encargan de las últimas etapas en la descomposición del manto vegetal.

Al producir humus, el bosque enriquece el suelo constantemente, aunque se trata de un proceso bastante lento: la capa de hojas tarda nueve meses en descomponerse totalmente para formar humus. Así se devuelven al suelo los *nutrientes* utilizados por el árbol, como el fósforo y el nitrógeno.

Hojas por todas partes (1)
Éste es el aspecto del suelo de un bosque caducifolio. Las hojas caídas cubren casi toda la superficie del bosque, mientras tiene lugar su proceso de transformación en humus.

Creciendo sobre troncos caídos (2)
Muchos hongos, como estos hifolomas (2a) y estos hongos yesqueros (2b), aprovechan la madera de los troncos caídos para crecer.

Larvas enormes (3)
Las larvas del ciervo volante pasan tres años alimentándose en el interior de la madera en descomposición de un árbol caído, hasta alcanzar unos 12 centímetros de longitud.

Cochinillas de la humedad (4)
Las cochinillas de la humedad prefieren vivir en los ambientes húmedos y a la sombra.

Nidos bajo tierra (5)
Algunas aves pueden tener sus nidos ¡bajo tierra! Éste es el caso del carbonero garrapino, cuyo nido está en el interior de una ratonera abandonada.

Falsos escorpiones (6)
No te asustes: aunque su forma recuerda a los escorpiones, en realidad se trata de un inofensivo seudoescorpión.

Las pequeñas musarañas (7)
Las musarañas son los mamíferos más pequeños que existen: ¡pesan menos de 2 gramos! La musaraña se mueve nerviosa entre la hojarasca, dando vueltas a las hojas con su morro en busca de pequeños invertebrados. Cada noche caza arañas e insectos, y ¡debe cazar constantemente!, ya que cada día necesita más comida que su propio peso.

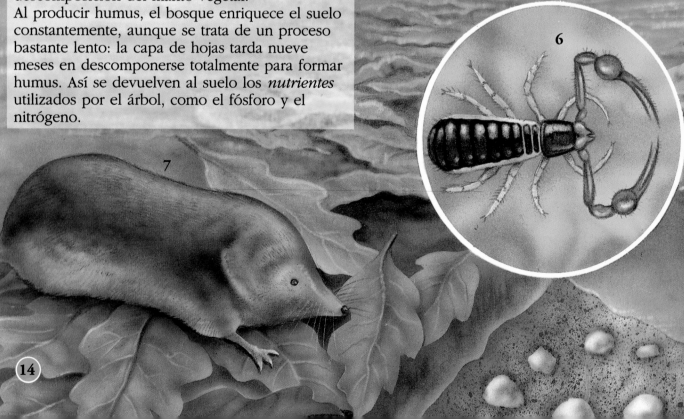

7

6

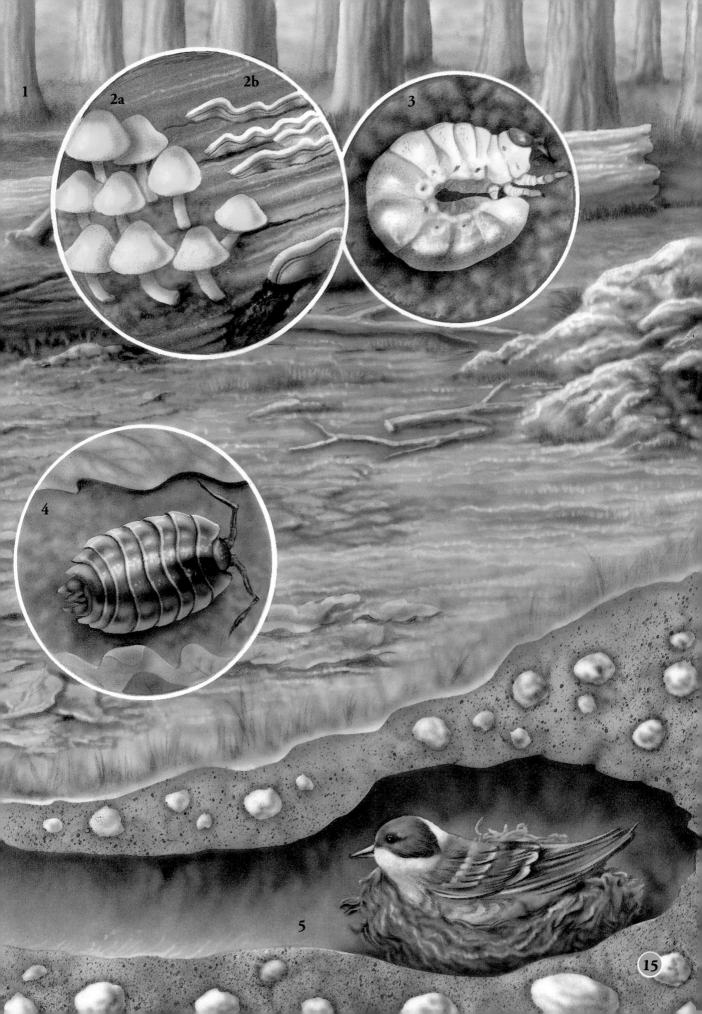

LA PROCESIONARIA DEL PINO

Seguro que alguna vez has visto las grandes bolsas blanquecinas que las procesionarias construyen sobre los pinos. ¿Has contemplado también alguno de sus desfiles?

Un mes después de la puesta, a finales de verano, nacen las conocidas orugas y construyen los típicos bolsones sobre las ramas: allí se mantienen refugiadas durante el día y salen al atardecer para devorar las agujas del árbol. ¡Pueden causar grandes daños en los bosques! Sin duda, lo más llamativo de estos insectos son sus larguísimas procesiones sobre el suelo del bosque.

A principios de primavera, las orugas descienden tronco abajo y, perfectamente ordenadas, buscan un lugar en el que enterrarse para transformarse de larvas en adultos. En cabeza siempre marcha una hembra.

Si se suprime el individuo de cabeza pueden suceder dos cosas: si la siguiente es otra hembra, la columna sigue tranquilamente su camino con la nueva guía al frente; en cambio, si el que se queda en cabeza es un macho, empiezan a dar vueltas de un lado a otro y ¡toda la columna se desconcierta y apelotona hasta que otra hembra vuelve a tomar la iniciativa!

Aunque las orugas parecen "inofensivas", no lo son; tienen unas pequeñas protuberancias, llamadas "espejos", que están cubiertas por unos diminutos repliegues. Cuando se siente amenazada, la oruga destapa los espejos y deja libres unos pequeños pelos muy irritantes que provocan un fuerte escozor.

Un hambre voraz
La orugas se alimentan incansablemente de las hojas duras y estrechas o "acículas". A menudo, pueden dejar un árbol prácticamente sin hojas, de modo que incluso le pueden provocar la muerte.

Huevos apelotonados
Los adultos de la procesionaria de invierno hacen su aparición en verano, depositan sus huevos rápidamente y luego mueren. Éste es el aspecto de la puesta de la procesionaria.

Vivir en una "bolsa"
Las procesionarias utilizan como refugio unas características bolsas que cuelgan de los extremos de las ramas de los pinos.

Difíciles de distinguir
Aunque muchas personas han visto a las procesionarias desfilando, muy pocas son capaces de decir cuál es su aspecto cuando son adultas. Aquí puedes ver a una pareja adulta.

Un cazador muy astuto
Este escarabajo "abre" primero la oruga con sus mandíbulas, y luego le echa una sustancia que ablanda la carne: después sólo tiene que beberse la "sopa" de oruga, sin tener que tragar ni un solo pelo.

Un ordenado ejército
Las procesionarias viven siempre juntas, comen juntas y se desplazan juntas de un árbol a otro formando largas filas de hasta 10 metros. Las procesiones de las orugas tienen lugar unos tres meses después de su nacimiento.

17

LA TAIGA INTERMINABLE

Los bosques de coníferas se extienden a lo largo de más de 13.000 km, con una anchura que varía entre los 1.000 y los 4.000 km; la vida en el planeta depende de esa gran masa forestal, que es la mayor fábrica de oxígeno después de los océanos.

La taiga ocupa las zonas próximas a los 60 grados de latitud, justo hasta donde empieza la tundra.

Allí las condiciones son muy duras, ya que durante una gran parte del año hay muy poca cantidad de agua disponible y hace mucho frío. En realidad, la palabra "taiga" significa "bosque de lagos", y lo cierto es que el paisaje está formado por miles y miles de lagos; pero la mayor parte de ellos permanecen helados durante más de la mitad del año.

Caminar por estos bosques puede ser complicado, ya que continuamente hay pequeños lagos o zonas encharcadas donde abundan las *turberas*.

Sin embargo, el frío es un problema todavía mayor, ya que en la taiga la temperatura desciende a menudo por debajo de los 50 ºC bajo cero. Además el suelo de la taiga es muy pobre, y por todos estos motivos la taiga es un conjunto de bosques casi interminables compuestos sólo por una familia de árboles, que han sabido adaptarse a las durísimas condiciones: son las coníferas, que están representadas especialmente por los pinos, los abetos, las piceas y el alerce (que es capaz de perder todas sus hojas).

Estos árboles son muy resistentes, y son capaces de detener su crecimiento durante la larguísima estación desfavorable: en realidad, ¡sólo crecen durante el verano!

Existen muchas especies de animales, especialmente aves, que visitan estas regiones cuando durante cinco meses la temperatura supera los 0 ºC.

Paisajes monótonos (1)

Aunque es inmensa, a veces la taiga puede parecer un paisaje monótono al estar formado sólo por unas pocas especies de árboles diferentes. El suelo de la taiga es muy pobre, y las coníferas sobreviven porque tienen unas escasas exigencias de nutrientes.

Un pico muy curioso (2)

El piquituerto está perfectamente adaptado para sobrevivir en la taiga. Su pico está curvado y entrecruzado, y forma una herramienta perfecta para extraer el contenido de las durísimas piñas.

El trepador azul (3)

Los trepadores pueden pasear tranquilamente, como escaladores profesionales, sobre las verticales cortezas de los árboles, tanto hacia arriba como hacia abajo. Esto es posible gracias a las garras de sus largos dedos. Así pueden buscar en todos los rincones en que se esconden los insectos.

¡Qué memoria! (4)

Durante los largos y duros inviernos, el cascanueces se alimenta de los depósitos escondidos de alimentos que ha hecho durante el verano y el otoño. Puede encontrar sus escondites de comida después de varios meses, ¡incluso aunque estén cubiertos por una capa de medio metro de nieve!

Mariposas con cianuro (5)

La mariposa zigena es muy lenta, tiene unos colores muy llamativos y su acoplamiento sexual dura todo un día. Entonces ¿cómo se defiende de sus enemigos? Su cuerpo contiene un veneno potentísimo: ¡cianuro!

La mariposa apolo (6)

Estas mariposas pueden vivir a más de 2.000 metros de altitud, y están protegidas por la ley en algunos países.

6

EL BOSQUE MEDITERRÁNEO

Los árboles y los arbustos del bosque mediterráneo no suelen superar los 20 metros de altura, y conservan sus hojas todo el año a pesar de las sequías.

Los bosques mediterráneos están en regiones templadas, con pocas lluvias y con inviernos suaves y veranos calurosos. Es el paisaje típico de las zonas que rodean el mar Mediterráneo, pero también se hallan en la costa de California, sur de Australia y Sudáfrica.

Para resistir la largas sequías que se producen en verano, los árboles de los bosques mediterráneos tienen unas hojas especiales que transpiran muy poco, porque son pequeñas y están cubiertas de una capa impermeable.

Sin embargo, el "precio" que pagan por su resistencia a las sequías es que estos árboles crecen muy despacio.

Los típicos árboles mediterráneos son la encina, el alcornoque, el olivo, el ciprés y el eucalipto. Estos bosques están formados por los tres estratos típicos: arbóreo, arbustivo y herbáceo.

El estrato arbóreo está dominado mayoritariamente por encinas, aunque también hay algunos pinos y algunos árboles de hoja caduca.

En general, las hojas de los árboles del bosque mediterráneo dejan pasar bastante luz hacia los estratos inferiores, así que el estrato arbustivo forma un *sotobosque* espeso, casi intransitable.

El estrato herbáceo es escaso; allí se forma un ambiente húmedo que favorece el crecimiento de musgos y helechos, y también de alguna plantita herbácea como la violeta.

El encinar (1)

Las encinas son los representantes más típicos del bosque mediterráneo. Es un árbol corpulento, que puede alcanzar los 25 metros de altura.

El fruto de la encina (2)

La bellota, generalmente de forma ovalada y algo puntiaguda, es el fruto de la encina, el roble, etc. Es de sabor dulce o amargo, según el tipo de árbol.

El corcho (3)

El alcornoque no supera los 20 metros de altura, pero en cambio puede alcanzar hasta 1 metro de diámetro. Pero lo más característico del alcornoque es su corteza esponjosa, de la que se extrae el corcho.

La manta flor (4)

¿Has visto qué camuflaje tan perfecto tiene esta terrible cazadora? Para sus víctimas tiene que ser horroroso descubrir que no se trata de una flor, sino de un temible depredador con espinas en las patas, con las que puede atrapar mejor a sus presas.

El gorgojo "cigarrero" (5)

La hembra prepara un estuche para guardar sus huevos enrollando las hojas como si fueran un gran cigarro. Primero escoge una hoja flexible, y después le va haciendo cortes y pegando unas partes con otras, gracias a una sustancia que segrega. Las larvas se desarrollarán comiéndose las paredes de su estuche cuando salen del huevo.

Las beneficiosas hormigas (6)

Las hormigas son unos de los animales más beneficiosos para el bosque, ya que exterminan grandes cantidades de insectos. En un solo día, el ejército de hormigas puede capturar 50.000 larvas de insectos perjudiciales.

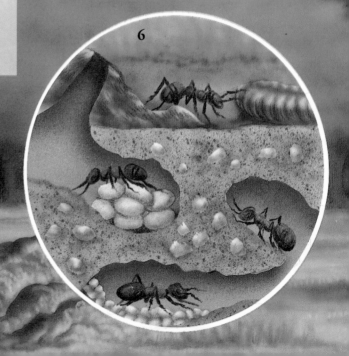

6

¿CÓMO CRECEN LOS ÁRBOLES DEL BOSQUE?

A lo largo de su vida, cada árbol produce miles de semillas, incluso millones, pero muy pocas llegan a convertirse en árboles adultos.

Los bosques necesitan muchos años para formarse, a pesar de que hacen un esfuerzo constante para reproducirse.

Debes tener en cuenta que, en un solo año, cada roble puede producir más de 50.000 bellotas; pero muy pocas se convierten en árboles. El ataque que sufren las semillas de los árboles es continuo desde el primer día. Cuando todavía no se han desprendido de las ramas del árbol, ya sufren el ataque de animales tan diferentes como las ardillas, los gorgojos, los piquituertos, las orugas, las palomas torcaces, etc. Este primer ataque acaba con miles y miles de piñas, nueces, bellotas, etc., antes incluso de que consigan empezar su "viaje". Las que logran llegar al suelo se enfrentan a nuevas dificultades: muchas de ellas caen en lugares que no permiten su crecimiento (demasiada luz, demasiada sombra, pocos nutrientes, mucha competencia, etc.); otras muchas son comidas por los ciervos, los jabalíes y por los "ejércitos" de roedores que corretean por el suelo del bosque. Todas las semillas tienen en su interior una reserva de nutrientes que les proporciona la energía que necesitan para germinar y crecer; en algunos casos, como las semillas del roble y de las hayas, las reservas son suficientes incluso para sobrevivir durante todo el invierno.

Escarabajos enterradores

Los escarabajos enterradores comen los animales muertos que encuentran en el suelo del bosque, y ponen sus huevos junto a los cadáveres. Para protegerlo de otros insectos, entierran el cadáver excavando un agujero justo debajo suyo.

El crecimiento de un árbol

1. Desde finales del verano hasta mediados del otoño, la bellota se va desarrollando sobre la rama del roble.
2. La bellota cae al suelo, y es cubierta rápidamente por las hojas que caen del árbol.
3. De la bellota sale la raíz principal, directamente hacia abajo, y el brote crece buscando la luz.
4. Si logra sobrevivir al primer año de vida, ya presenta unas cuantas hojas.
5. Los primeros años son difíciles, ya que el peligro de que el árbol sea devorado no pasará hasta que alcance los diez o quince años de edad.

No es una hoja
La mariposa kalima, cuando está posada, pliega las alas y parece una hoja.

El opilión o segador
Gracias a sus largas patas, el opilión se mueve más deprisa que otros animales de su tamaño. Además, cuando camina sus patas mantienen el cuerpo alejado del suelo y así no se hiela.

5

LOS HONGOS

Durante los días húmedos y cálidos del otoño, el suelo del bosque se cubre de hongos.

Seguro que si paseas por el bosque en otoño observarás una gran abundancia de setas.

En los bosques existen muchos ambientes diferentes en los que pueden crecer plantas sin flores, tanto en el suelo como sobre los troncos de árboles vivos y muertos. Ten en cuenta que los árboles proporcionan a los hongos un lugar protegido frente al sol, el viento y la lluvia.

Las setas son unos descomponedores muy eficaces: allí donde la madera está mohosa empiezan a actuar.

Los hongos no tienen clorofila, y por eso no pueden utilizar la energía del sol para la producción de alimentos con la fotosíntesis. Así que muchos hongos del bosque viven como *parásitos* sobre las ramas y los troncos de árboles vivos, pero otros sólo viven de sus restos, sobre tocones y troncos muertos.

Las setas son el fruto visible de los hongos. La parte principal del hongo es el micelio, que está formado por una especie de red con muchísimos hilos microscópicos. Algunos hongos que viven en el suelo pueden llegar a un "acuerdo" muy especial con las raíces de los árboles: estos hongos "infectan" las raíces del árbol y forman una asociación llamada "micorriza", que es beneficiosa para el árbol y para el hongo; gracias al hongo, el árbol mejora su absorción de nutrientes, y a cambio el árbol proporciona los *hidratos de carbono* que necesita el hongo.

Crecer en pequeños grupos
La Mycena es un tipo de hongo no comestible, que crece en pequeños grupos sobre los tocones y los troncos muertos.

El políporo
El políporo azufrado tiene un llamativo color amarillo, y vive sobre los troncos de árboles vivos; su carne es comestible, aunque no demasiado buena.

Un caracol gigante
En Asia y África existe un caracol cuya concha puede medir 20 x 10 cm. Suele tener mucha hambre y puede provocar grandes daños en las plantaciones, pero es tan grande que... ¡menudo banquete cuando lo pillan!

¡Ni tocarla!
Ésta es la Amanita phalloides. Es muy tóxica, y es la responsable de la mayoría de intoxicaciones mortales que se producen por comer hongos.

"Hígado de buey"
El hongo de abajo puedes encontrarlo en la parte inferior de los troncos de los castaños y de los robles. Su nombre se debe a que su carne es de color rosado y bastante blanda y jugosa. Además segrega un líquido rojizo cuando recibe un golpe o un corte.

¡Bonita pero tóxica!
La Amanita muscaria (a la izquierda) tiene un curioso sombrero de color rojo intenso. Pero no te fíes: es tóxica, y se ha utilizado para producir alucinaciones en diversas épocas y en diferentes partes del mundo.

LAS AGALLAS

Algunas veces podemos ver unas extrañas formaciones que crecen sobre diferentes partes de un árbol: son las cecidias o agallas, en cuyo interior viven las larvas de pequeños organismos, como insectos y hongos.

Las agallas o cecidias son unas extrañas estructuras que aparecen sobre algunas plantas. Pero no pienses que la agalla es una formación "normal" de la planta. En realidad, se trata de un crecimiento anormal, ya que es una respuesta de la planta a un estímulo provocado por otros organismos, como por ejemplo insectos, ácaros, hongos o bacterias.
Las agallas son un mecanismo de defensa del árbol contra la presencia de un intruso, que normalmente es la larva de una pequeña avispa.
Pero ¿para qué le sirve al insecto provocar la aparición de una agalla? Las agallas proporcionan a las larvas una fuente segura de alimento, de modo que crecen rodeadas por el tejido nutritivo de la planta huésped al mismo tiempo que están protegidas de sus enemigos naturales y del clima exterior.
¡Qué listas!
La "idea" de las agallas ha tenido tanto éxito que, por ejemplo, existen más de 40 especies diferentes que pueden provocar agallas en el roble.
Muchas especies han desarrollado sistemas para aprovecharse de los mismos beneficios. Por ese motivo algunas agallas incluso contienen una compleja comunidad de parásitos, depredadores y avispas "inquilinas". Es como si fuera un "edificio de viviendas" lleno de vecinos.

Agalla en forma de bola o "de canica"
Es una de las agallas más conocidas, y está producida por la avispa Andricus collari. *Cuando las avispas salen de la agalla, dejan unos característicos agujeros redondos en el punto por donde han salido. Arriba a la derecha, puedes ver un corte en sección mostrando a la larva.*

Agalla en forma de alcachofa
A pesar de su aspecto, en su interior sólo contiene una larva de la avispa de las agallas Andricus fecundator.

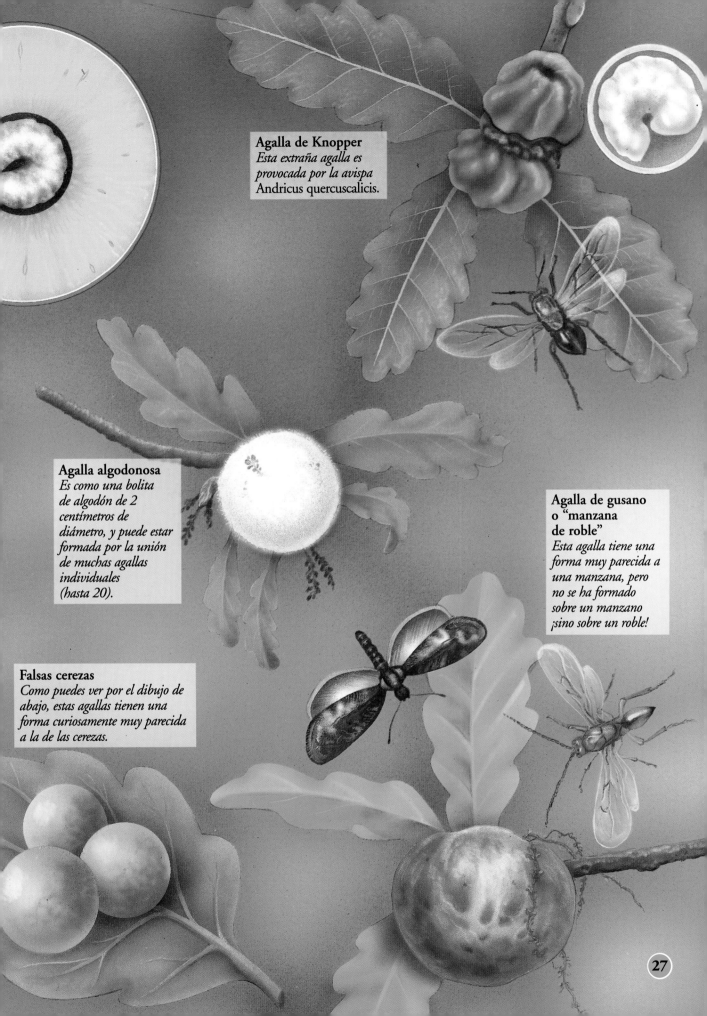

Agalla de Knopper
*Esta extraña agalla es
provocada por la avispa*
Andricus quercuscalicis.

Agalla algodonosa
*Es como una bolita
de algodón de 2
centímetros de
diámetro, y puede estar
formada por la unión
de muchas agallas
individuales
(hasta 20).*

**Agalla de gusano
o "manzana
de roble"**
*Esta agalla tiene una
forma muy parecida a
una manzana, pero
no se ha formado
sobre un manzano
¡sino sobre un roble!*

Falsas cerezas
*Como puedes ver por el dibujo de
abajo, estas agallas tienen una
forma curiosamente muy parecida
a la de las cerezas.*

LOS GIGANTES DEL BOSQUE: LAS SECUOYAS

Existen unos árboles que ostentan todos los récords de edad y de dimensiones en el mundo vegetal: son las secuoyas.

Las secuoyas gigantes crecen en vertientes montañosas en las que hay mucha humedad debido a las *brumas* que llegan desde el océano. Si en esa zona no hay vientos demasiado fuertes, el crecimiento de la secuoya no encuentra obstáculos que lo frenen y puede llegar a alcanzar alturas impresionantes.

Piensa que, junto con los eucaliptus, las secuoyas son los árboles más altos del mundo, ya que pueden ¡superar los 120 metros de altura! Además su tronco puede medir hasta 12 metros de diámetro, es decir, igual que tres coches colocados uno detrás de otro.

Las secuoyas son también unos de los seres vivos más viejos de este planeta: se ha calculado la edad de algunas secuoyas ¡en más de tres mil años!

Antiguamente las secuoyas formaban grandes bosques por todo el hemisferio norte antes de que llegaran los hielos de las glaciaciones, pero actualmente sólo se encuentran ejemplares en el litoral del océano Pacífico de Estados Unidos.

Las secuoyas crecen tanto porque se aprovechan del fértil *sedimento* que cada año se acumula alrededor de sus troncos, debido a las *avenidas de los ríos*; la secuoya entonces es capaz de formar un nuevo sistema radicular al nivel requerido.

Por otra parte, las secuoyas también tienen una característica muy especial que las ayuda a resistir el paso del tiempo: son muy resistentes al fuego, gracias a su corteza esponjosa, que puede llegar a los 70 centímetros de espesor y que ¡la protege de los incendios!

Las secuoyas pueden ser las más voluminosas, pero el árbol más grueso del mundo es un ciprés de México, llamado el Gigante, que mide 38 metros de perímetro, aunque "sólo" tiene 47 metros de altura.

Un bosque de gigantes (1)
Pasear por un bosque de secuoyas produce una sensación impresionante. No es para menos, al estar uno rodeado por gigantes que superan los 100 metros de altura y que pueden pesar más de 1.000 toneladas.

Arañas saltadoras (2)
Existen unas arañas que no utilizan telarañas para cazar. Son los saltícidos o arañas saltadoras, que acechan a sus presas hasta que saltan sobre ellas. ¡Igual que si fueran tigres!

Una mochila llena de crías (3)
Las tarántulas viven en todos los continentes. Las hembras transportan sus huevos en una especie de "mochila" y, cuando nacen las crías, todavía están unos días viajando subidas a la espalda de su madre.

Dieta de ortigas (4)
Aquí puedes ver una mariposa cuyas orugas sólo comen ortigas; si en algún lugar encuentras ortigas, tanto si estás junto al mar como a más de 2.000 metros de altitud, fíjate bien y seguro que encuentras alguna de estas mariposas.

El paso de los años (5)
Aquí puedes ver los anillos de crecimiento de un tronco de secuoya gigante, de unos cien años de edad. Los científicos han calculado que el diámetro de la secuoya aumenta unos 8 centímetros cada año.

5

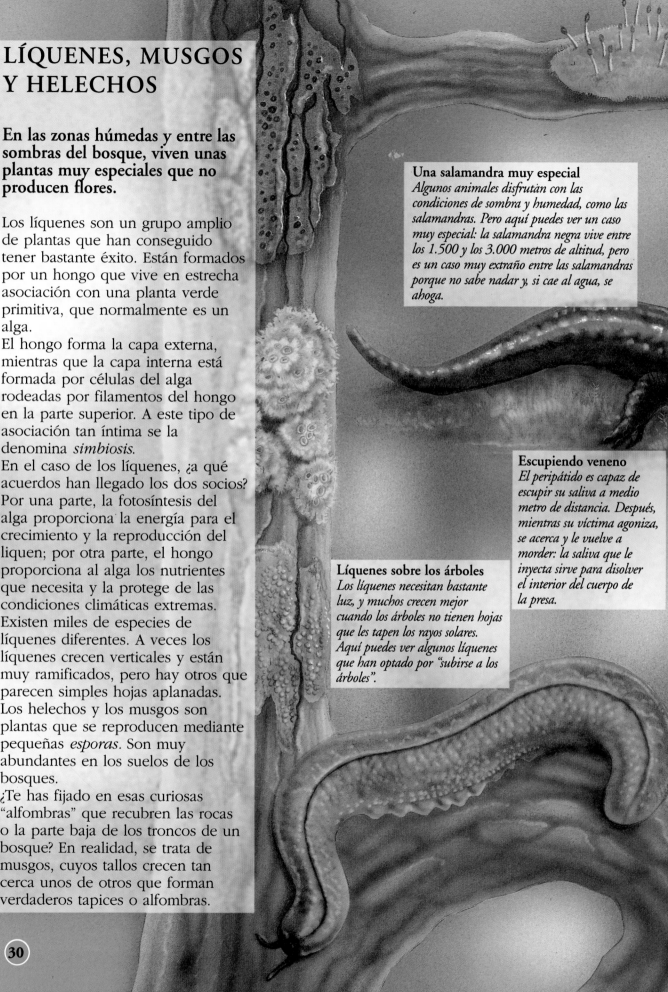

LÍQUENES, MUSGOS Y HELECHOS

En las zonas húmedas y entre las sombras del bosque, viven unas plantas muy especiales que no producen flores.

Los líquenes son un grupo amplio de plantas que han conseguido tener bastante éxito. Están formados por un hongo que vive en estrecha asociación con una planta verde primitiva, que normalmente es un alga.

El hongo forma la capa externa, mientras que la capa interna está formada por células del alga rodeadas por filamentos del hongo en la parte superior. A este tipo de asociación tan íntima se la denomina *simbiosis*.

En el caso de los líquenes, ¿a qué acuerdos han llegado los dos socios? Por una parte, la fotosíntesis del alga proporciona la energía para el crecimiento y la reproducción del liquen; por otra parte, el hongo proporciona al alga los nutrientes que necesita y la protege de las condiciones climáticas extremas.

Existen miles de especies de líquenes diferentes. A veces los líquenes crecen verticales y están muy ramificados, pero hay otros que parecen simples hojas aplanadas. Los helechos y los musgos son plantas que se reproducen mediante pequeñas *esporas*. Son muy abundantes en los suelos de los bosques.

¿Te has fijado en esas curiosas "alfombras" que recubren las rocas o la parte baja de los troncos de un bosque? En realidad, se trata de musgos, cuyos tallos crecen tan cerca unos de otros que forman verdaderos tapices o alfombras.

Una salamandra muy especial
Algunos animales disfrutan con las condiciones de sombra y humedad, como las salamandras. Pero aquí puedes ver un caso muy especial: la salamandra negra vive entre los 1.500 y los 3.000 metros de altitud, pero es un caso muy extraño entre las salamandras porque no sabe nadar y, si cae al agua, se ahoga.

Escupiendo veneno
El peripátido es capaz de escupir su saliva a medio metro de distancia. Después, mientras su víctima agoniza, se acerca y le vuelve a morder: la saliva que le inyecta sirve para disolver el interior del cuerpo de la presa.

Líquenes sobre los árboles
Los líquenes necesitan bastante luz, y muchos crecen mejor cuando los árboles no tienen hojas que les tapen los rayos solares. Aquí puedes ver algunos líquenes que han optado por "subirse a los árboles".

Almohadillas
El musgo Dicranoweisia cirrata *crece formando almohadillas. Sus hojas están muy retorcidas cuando está seco, pero se extienden cuando absorben humedad.*

"Costras vegetales"
Algunos líquenes crecen formando costras perfectamente incrustadas sobre la superficie de la corteza de árboles y, a veces, sobre rocas.

Sacos de esporas
Los helechos, como este Polypodium, *se reproducen mediante esporas. Las esporas se forman en unos minúsculos sacos llamados esporangios, que se agrupan formando "paquetes" en la cara inferior de los* frondes.

GLOSARIO

Avenida de los ríos. Crecida impetuosa de un río, producida generalmente por fuertes lluvias, que puede inundar las orillas.

Bacterias descomponedoras. Bacterias que se alimentan de los vegetales y los cadáveres de animales en putrefacción.

Brumas. Nieblas que se forman en el mar.

Caducifolio. Árbol que pierde sus hojas para sobrevivir al invierno.

Clorofila. Sustancia de color verde de las plantas, imprescindible para la fotosíntesis.

Ecosistema. Conjunto formado por el medio y la comunidad de organismos que viven en él.

Esporas. Células reproductoras que en los helechos se desarrollan cuando llegan al suelo, para formar un nuevo individuo.

Fotosíntesis. Proceso en el que las plantas verdes sintetizan materia orgánica a partir de CO_2, utilizando para ello la luz como fuente de energía.

Frondes. Son las hojas de los helechos.

Hectárea. Medida de una superficie cuadrada de 100 metros por 100 metros de lado.

Hibernación. Largo periodo invernal, que algunos animales pasan durmiendo, sin comer y sin moverse, gastando así el mínimo de energía.

Hidratos de carbono. Sustancias que las plantas utilizan como reservas de azúcar.

Nutrientes. Sustancias que necesitan los organismos vivos para su crecimiento.

Parásito. Organismo que se alimenta a expensas de otro, que recibe el nombre de huésped.

Perenne. Planta que tiene hojas todo el año.

Sedimento. Materiales que se posan en el fondo después de estar suspendidos en un líquido.

Simbiosis. Vida en común de dos organismos realizada con beneficio mutuo; a veces esta relación es tan íntima que no puede vivir uno sin el otro.

Sotobosque. Es el conjunto de plantas que viven por debajo del estrato arbóreo del bosque. Está formado principalmente por arbustos.

Tocón. Es la parte del árbol que queda unida a la raíz cuando se ha cortado el árbol.

Turberas. Lugares pantanosos en los que se forma la turba, materia combustible formada por la descomposición de restos vegetales.

ÍNDICE

Los árboles del bosque — 4
El bosque caducifolio en primavera y verano — 6
El bosque caducifolio en otoño — 8
El bosque caducifolio en invierno — 10
Bosques de pinos — 12
El suelo del bosque — 14
La procesionaria del pino — 16
La taiga interminable — 18
El bosque mediterráneo — 20
¿Cómo crecen los árboles del bosque? — 22
Los hongos — 24
Las agallas — 26
Los gigantes del bosque: las secuoyas — 28
Líquenes, musgos y helechos — 30